ASI QUE QUIERES HABLAR DE RAZA

SO YOU WANT TO TALK ABOUT RACE

BASADO EN EL LIBRO DE

POR IJEOMA OLUO

-

RESUMEN ESCRITO POR

LIBROS MAESTROS

CONTENIDO

INTRODUCCIÓN

Entonces quieres hablar de raza, fue publicado en el año 2018 el 16 de enero. Al momento de su lanzamiento The New York Times dio a conocer el libro en su columna "Nuevo y digno de mención", recomendando a los lectores la obra, debido a que esta abarcaba conflictos raciales significativos, que se relacionaban con la policía en Estados Unidos.

Bustle, una revista estadounidense enfocada en las mujeres nombró al libro en una lista de los 14 libros de debut que ha sido recomendado por mujeres. Aparte de realizar elogios a la forma en Ijeoma relata sus experiencias y da consejos de la forma más natural y transparente posible. En el año 2018, la revista volvió a mencionarlo en una lista de los 16 mejores libros de no ficción.

Al igual que Bustle, La Harper's Bazaar, una revista de moda femenina, agregó el libro a su lista de los 10 nuevos mejores libros del 2018.

¿QUÉ APRENDERÁS?

En principio, todo aquel que esté interesado en el tema. Ya que, el racismo y los problemas que este sugiere en la sociedad, en este caso, Estados Unidos, deben ser rechazados y eliminados de la vida de las personas. En este libro se informa sobre todos conflictos que el racismo ha causado a lo largo de los años, y que hoy en día sigue siendo la causa más común en las violaciones a los derechos humanos.

También, cómo su misma autora propuso, es una guía que pretende ayudar a todo aquel que desee hablar sobre el tema. Al momento de dar a conocer sus opiniones respecto a la raza, las personas suelen cometer un error colectivo. El dejarse llevar por sus emociones negativas y frustración es lo que causa que no pueda ser debatido de la forma correcta, y a su vez, se desacrediten todos los puntos que se hayan presentado en contra.

En conclusión, puede ayudar a todas las personas que estén viviendo complicaciones debido a su raza. Todo aquel que desee defender sus derechos de las discriminaciones raciales, o de la misma forma, quiera defender a una comunidad en concreto, puede recurrir a lo escrito en este libro.

CAPÍTULO 1:
¿CÓMO SE DEBE HABLAR SOBRE LOS TEMAS RESPECTO A LA RAZA?

En muchas ocasiones, las personas expresan temor al momento de tocar temas que se relacionen con la raza. Existen muchos casos en los que, posiblemente, una persona haya decidido hablar sobre la raza, y este no haya sido tomado de la mejor manera. Esto se debe, a que, no hubo una claridad al momento de expresarse, o por ambas partes, hubo frustración respecto al tema. Normalmente cuando una persona pasa por este tipo de momentos, su confianza al momento de querer hablar sobre el tema haya disminuido. Es común que, al momento de presentarse un debate, o una discusión incomoda debido a los ideales expresados, se termine optando por la opción de evitar el tema en todas las situaciones que se le presenten.

La autora, al comenzar a escribir el libro, pretendía hacer que este fuese "útil" para quien lo leyera. El propósito principal, era servir de guía para quienes estuviesen teniendo problemas respecto a la raza. El resultado, fue brindar una herramienta, con la que todo aquel que necesitase hacer argumentos que hicieran valer su posición frente a un debate referido a la raza, pudiese tener una base sólida que resultase efectiva.

Aunque las conversaciones sobre la raza sean complicadas de ejecutar de formas neutrales, son necesarias para acabar con los estigmas de la sociedad respecto a ellas. Tocar temas que se refieran a los privilegios que se otorgan debido a ciertos tipos de razas, será lo que eliminará la opresión que viven cientos de personas, por parte de entidades que apoyan la supremacía de las personas blancas en Estados Unidos.

CAPÍTULO 2:
¿POR QUÉ SE DICE QUE
EL RACISMO ES APOYADO
POR EL SISTEMA DE PODER?

El debate entre si las injusticias que hacen pobre a una mujer negra, que no posee ningún tipo de discapacidad, no son las mismas que hacen que un hombre discapacitado de raza blanca sea pobre. El tema se volvió tan exhaustivo y constante, que hizo que Ijeoma se plantease otro tipo de pregunta para debatir. De forma directa se propuso preguntar a la gente la diferencia entre la pobreza de una persona de color y una persona blanca, y si las razones de su pobreza eran las mismas.

El éxito que se pueda tener en Estados Unidos cómo persona individual depende, en gran parte, de la raza. El hecho de que ese punto no se reconozca es lo que hace que hoy en día siga habiendo luchas en contra de la discriminación racial. A pesar de lo avanzada que está la sociedad actualmente, es común que grupos grandes de personas, aún vivan con el pensamiento de que la raza define a las personas y los privilegios que pueda tener.

Casi medio siglo después de que ocurriera el movimiento a favor de los derechos civiles, la desigualdad económica que existe a nivel racial, es igual. Este hecho, no es algo que haya transcurrido con los años y de forma inexplicable. La principal causa de esto es, que el racismo está adherido al sistema económico de Estados unidos. El apoyo que recibe este tipo de discriminación por parte de la supremacía blanca es tanto, que este se asegura a si mismo continuar por largos años, haciendo la promesa, de que su éxito económico no se verá afectado. Hay personas que están destinadas a no tenerlo, refiriéndose a las personas de color u otro tipo de raza.

La promesa que asegura el fracaso de las personas debido a su raza debe ser abolida, pero para lograr esto, no se debe hacer énfasis solo en la clase. Saber identificar cuando un problema se presenta debido a la raza, es fundamental para comenzar a debatir sobre el tema, ya que, en primer lugar, este es primer error que se suele cometer.

Para lograr hacer una identificación correcta de la situación se deben tener en cuenta tres puntos clave:

En primer lugar, al momento en que una persona de color dé a conocer que ha sido discriminada, es porque así ocurrió. Su identidad cómo personas de color, es lo que hace que sea más evidente, que dicha acción se haya cometido. Al momento en que la situación ocurre, gracias a la interacción que hubo entre las dos partes, es casi inmediato que logren definir si es o no una discriminación. Si esto sucede, se trata de raza.

En segundo lugar, llegado a ser el caso que se presente un problema que afecta desmesuradamente a personas de color, es por la raza. El hecho de que una situación que esté afectando solamente a personas de una misma raza, es un claro ejemplo de que ahí se está presentando discriminación. No existe una casualidad que justifique este hecho, es imposible que un problema afecte a una comunidad en concreto, sin que este sea intencional. Finalmente, si ocurre la misma situación donde se afecta concretamente a un patrón mucho más grande de personas, se trata de raza.

CAPÍTULO 3:
¿CÓMO ES EL COMIENZO PARA PROGRESAR EN LOS DEBATES SOBRE LA RAZA?

Para una perspectiva más clara de lo que significa el hablar correctamente sobre el tema, Ijeoma cuenta su primera experiencia con las charlas sobre la raza.

Esto ocurrió en el momento en que ella tenía 34 años, la conversación surgió con su madre, una mujer de raza blanca. Su mamá le comentó que recibió una especie de reproche por parte de un compañero de su oficina, debido a ella hizo una broma citando una palabra que solo es utilizada por gente negra. Debido a que su compañero era una persona de color, sintió indignación de que una persona blanca utilizara una palabra de su jerga, ya que una persona blanca no puede saber lo que significa ser negro.

Su madre le expresó, que al igual que él, ella también sintió indignación, ya que de igual forma ella tenía tres hijos negros, y también estaba casada con un negro, así que no era posible que ella no supiese lo que es ser negro, ya que su familia estaba conformada por estos.

Lo que su madre acabada de contarle causó que se sintiera mortificada. A pesar de esto, Ijeoma tenía presente que su madre, no podía saber lo que era ser discriminado personalmente por ser una persona de color. Tiempo después de lo sucedido, Ijeoma decidió aclararle este punto, debía demostrarle que había una gran diferencia ente ser una persona blanca que convive y respeta a las personas de color, y en verdad serlo.

Al tener claro esto, la madre de Ijeoma comprendió, que su pensamiento y forma de hacer llegar sus opiniones a las personas, debía cambiar. Ahora las cosas debían dar un giro, en vez de enfocarse en demostrar que hacía parte del grupo de personas blancas que apoyan a los negros, debía motivar a más personas blancas a ser mejores. Junto con este nuevo pensamiento, su madre propuso la idea de combatir la privación racial en su puesto de trabajo, ante el sindicato.

A pesar de la complejidad que tiene el tratar de hablar sobre la raza, y que probablemente puedan surgir equivocaciones, esto es necesario para avanzar más, en la tarea de defender la justicia racial.

Cómo el fin de este libro es dar una guía detallada a las personas de cómo pueden hablar de raza, Ijeoma propone algunas pautas para poder comenzar con este tipo de conversaciones. Principalmente lo que debe hacer, es dar a conocer las intenciones con las que estas intentando abordar el tema. Es crucial que la otra persona tenga claro con que propósito se lleva a cabo la conversación y si desea tenerla o no. Es importante no presionar ni insistir en que la otra parte haga parte de la conversación.

En segundo lugar, debes estar informado sobre todo lo que deseas compartir. Las personas de color a las que te estés dirigiendo, no deben darte la información que tú mismo debiste haber tenido presente si deseabas conversar respecto al tema.

El siguiente punto para tener en cuenta, es el detenerse si empiezan a haber sentimientos negativos, que puedan afectar la verdadera intención al tocar el tema. Sentirse a la defensiva puede afectar el fin con el das a conocer tus pensamientos, la prioridad que debe tener el hablar sobre la raza es aprender y avanzar.

Y por último, es importante no enfocarse en el tono de voz que esté utilizando la otra persona. Ijeoma relata más a fondo sobre este punto, en capítulos más adelante.

Es probable que este tipo de charlas no salgan de todo bien la mayoría de las veces, pero es importante no perder la calma, ni pretender dar solución a lo ocurrido. Lo mejor que puedes hacer es disculparte y terminar la conversación. Posiblemente en un futuro la oportunidad de retomar la charla se pueda presentar, para este momento sabrás los errores que se cometieron y llevaras las riendas de la conversación de una forma más benéfica.

CAPÍTULO 4:
¿CUÁL ES INFLUENCIA QUE PUEDE TENER EL SESGO IMPLÍCITO EN LAS ACCIONES RACISTAS QUE TOMAN LOS POLICÍAS EN ESTADOS UNIDOS?

Hace algunos años Ijeoma dio a conocer por medio de sus redes sociales, que acababa de ser detenida por la policía de tránsito, suponiendo que había pasado el límite de velocidad. Al compartir eso, también dio a entender que esto había ocurrido solo por ser una persona de color. Aunque solo recibió un boleto por parte de la policía, la respuesta a la publicación que hizo, fue enorme. Recibió una gran cantidad de mensajes, donde al igual que ella, muchas otras personas dieron a conocer sus experiencias al ser detenidos por conducir siendo negros. Por otro lado, también obtuvo preguntas de personas que la cuestionaban, por asumir desde un principio que esto había sucedido solo por cuestiones de raza.

Al tratarse de discriminaciones racistas individuales, es mucho más complicado asegurar que estas sucedieron por este motivo. Pero de igual forma, existen estadísticas que demuestran que, la posibilidad de ser detenidos aumenta por ser negros. Esta probabilidad es un 23 por ciento mayor a que una persona blanca sea detenida por conducir. Lo mismo sucede cuando se tratan de registros, arrestos y multas. El simple hecho de ser una persona de color hace actuar a las autoridades en contra de sus derechos cómo ciudadanos.

La historia de Estados Unidos se ha dado a conocer en gran parte por los múltiples abusos que han ocurrido en contra de las comunidades afroamericanas. Desde un principio los ideales de la policía estadounidense han sido racistas, tomando a las personas de color cómo un enemigo común, hecho que se ha demostrado en acciones tomadas solo en contra de esta comunidad. Un claro ejemplo de esto fue en la creación de las Patrullas Nocturnas, una de las primeras fuerzas policiales que atentaban en contra de los negros, siendo estas utilizadas exclusivamente, para someter a quienes tomaban acciones en contra de la esclavitud y decidían escapar.

Tiempo después, durante el movimiento de los derechos civiles, en el sur, muchos policías locales, tomaron acciones brutales en contra de los negros. Sus acciones principales eran aterrorizar, someter, discriminar y asesinar gente de color. De igual forma, muchas personas blancas de la comunidad hacían parte del grupo, Ku Klux Klan, el cuál asesinó y denigró a muchos negros en su día.

Actualmente, los negros, hispanoamericanos y nativos americanos, continúan en constante abuso por parte de las autoridades. El resultado de todas estas atrocidades cometidas en un pasado por parte de los blancos, hacen que hoy en día se crease un sesgo implicitico en contra de este tipo de comunidades, que causa la mayoría de las reacciones violentas y discriminatorias.

El pensamiento generalizado por parte de las culturas y políticos de Estados Unidos, de que los negros son inferiores, refuerza la creencia de que las personas de color son peligrosas. El hecho de que se denigren a las personas debido a su raza, siempre se deberá a los falsos estigmas que propone la sociedad. No porque una persona sea negra, necesariamente es un delincuente nato, las violaciones de la ley pueden venir en partes iguales, la raza no define las acciones.

Las acciones tomadas por parte de la policía son inducidas por el sesgo implícito. En muchas ocasiones, más cuando se presentan situaciones de alto estrés, las autoridades tienden a informar sentimientos de amenaza y temor debido a que están teniendo un enfrentamiento con personas de color. Si bien es cierto que dependiendo de cuan peligroso sea el delincuente, su acción lo define, no su raza. El creer que un hombre negro es más violento o peligroso, es un pensamiento inculcado por las generaciones racistas.

Al juntar la intolerancia racial por parte de la policía, más el hecho de que las personas de color no confíen en la autoridad, la vuelve situación mucho más complicada. Muchos negros no sienten confianza al momento de acudir a las autoridades, ya que su pensamiento está claro en que siempre serán tratados cómo inferiores y probablemente la situación se giré en contra de ellos, causando que haya abuso y uso excesivo de la fuerza policial. Al final estas comunidades optan por no acudir a la ley, ya que, si estas situaciones de abuso ocurren, ninguno de los agresores será castigado por sus acciones.

Se puede decir que en las ciudades donde existen mayor cantidad de comunidades minoritarias, la taza de delincuencia es mucho más alta, pero esto no es algo que tenga relación con la raza. En Estados Unidos, las comunidades que son más propensas a sufrir necesidades son las personas de color. Toda esta situación se desencadena desde que se piense que los negros no merecen las mismas oportunidades que los blancos. El estigmatizar a los afroamericanos y otras comunidades, hace que estas sufran decadencias económicas y morales, y se desencadenen en actos que atenten en contra la ley. Aunque estas acciones no se justifican, pueden ser evitadas si existiera igualdad racial.

CAPÍTULO 5:
¿CÓMO DISMINUIR LA DISCRIMINACIÓN RACIAL MARCADA POR LAS SOCIEDADES ANTERIORES?

Las personas que han recibido discriminación o han sido rechazadas, deben motivarse a evadir los inconvenientes que se le presenten por su raza, solo así la sociedad podrá tener un avance considerable. Ijeoma relata sobre su experiencia con esta situación, debido a que creció siendo una persona de bajos recursos y asistiendo a escuelas que no contaban con los implementos necesarios para brindar una buena educación.

A pesar de todos los obstáculos que tuvo que pasar, debido al tener que vivir con estas desventajas, Ijeoma pudo conseguir su primer trabajo, justo después que terminó la universidad. Se propuso para ser voluntaria en proyectos especiales. Allí realizó trabajos extras fuera de los horarios que eran asignados, solo con el fin, de adquirir nuevos conocimientos y mejorar sus habilidades. El supervisor de Ijeoma, al ver sus grandes esfuerzos, decidió darle un ascenso, aunque tiempo después la relevó del cargo de forma repentina.

Tiempo después Ijeoma comprendió el motivo por el cual le arrebataron su promoción. Una mujer blanca perteneciente a la compañía alegó y amenazó con demandar. Ya que ella había pertenecido por más tiempo a la empresa y el ascenso que había recibido Ijeoma fue solamente por ser negra, debía ser ella quien lo obtuviera y no una persona de color. A pesar de lo ocurrido, Ijeoma recibió un ascenso tiempo después. Ahora su problema no era el hecho de que la hayan relevado de su cargo por opresiones racistas, verdaderamente lo que la agobiaba, era el ser la única persona de color en su puesto de trabajo.

La única forma de evitar estas situaciones donde las personas de color tengan solo una pequeña probabilidad de tener éxito, es haciendo un cambio en el sistema. La mejor forma para lograr este cambio es llevándolo a cabo a través de la Discriminación positiva. Sistema por el cual se va a garantizar la igualdad en los empleos y oportunidades que puedan obtener las personas de color.

En los años 1960 fue introducida una discriminación positiva para lograr debatir sobre las desigualdades e injusticias reciales. Todo esto con el fin de garantizar que las personas afroamericanas tuvieran las mismas posibilidades de recibir mejor educación, empleo y posibilidades, que los blancos. Lamentablemente, desde que Reagan tomó el mandato, esta noción fue perdiendo importancia, ya que sus ideales conservadores aseguraban que era innecesario. En otras palabras, muchos partidos políticos, aparte del suyo, estaban de acuerdo en que los negros no merecían estos privilegios, ya que no eran necesarios para que Estados Unidos prosperase.

Hoy en día, existen muchos casos donde la discriminación positiva debe hacer presencia. La desigualdad en los salarios que reciben personas con razas distintas a la blanca es notoria y hace parte de una de las problemáticas económicas más notorias. Un ejemplo claro de esto es el salario que reciben las mujeres negras e hispanas a comparación de un hombre blanco. Sesenta y cinco centavos por cada dólar que se le es pagado a una persona blanca es lo que gana una mujer negra por su trabajo. Las mujeres hispanas, a comparación, reciben mucho menos, casi cincuenta y ocho centavos por dólar.

Cuando se habla sobre el sistema de educación que se les brinda a las personas de color, se ven las mismas desigualdades. Yale demostró mediante un estudio que los maestros blancos que enseñan en cursos de preescolar tienen una inclinación a señalar que los niños negros poseen conductas agresivas y problemáticas, a la vez que la empatía a la hora de interactuar con ellos no es la misma que con niños blancos, este patrón de comportamiento se repite con niños de otras razas. Debido a esto, la cantidad de expulsiones de niños por ser negros aumenta a medida que estos estigmas son aceptados por la sociedad.

Aparte de recibir este tipo de discriminación desde la infancia, es común que los niños de color deban tomar sus estudios en escuelas de bajos recursos. Lo que sucede después de esto, es que estos niños no reciben la educación, ni los recursos adecuados para tener una calidad de aprendizaje, que resulta en las bajas probabilidades de conseguir una buena universidad. A comparación con sus compañeros blancos, las personas de color deben pasar por miles de rechazos por parte de estas entidades antes de que una decida abrir sus puertas. Cómo resultado, es más común que las universidades prestigiosas estén llenas de personas blancas.

La discriminación positiva es importante para conseguir debatir y solucionar los problemas que posee el sistema y la sociedad al mantener la desigualdad en las oportunidades que se les brindan a las personas de color. El equilibrar el porcentaje de las comunidades afroamericanas, con el porcentaje de que estas posean un empleo, sería un paso grande hacía la equidad en los derechos que estos poseen. Por ejemplo, el diez por ciento de las personas negras que existen en una comunidad, es igual al diez por ciento de empleados y estudiantes negros que existen en una ciudad.

CAPÍTULO 6:
¿CUÁLES SON LAS ACCIONES QUE CARACTERIZAN LA OPRESIÓN RACIAL?

El huso de la palabra "negro" ha sido muy controversial a lo largo de los años. Muchas personas tienen la duda de por qué utilizar esta palabra, siendo personas blancas, está mal. Debido a que las personas negras usan esta palabra para dirigirse a otras personas, surge la incógnita sobre, por qué ellos pueden decirla sin ofender a nadie, y cuando una persona blanca la usa, es una total ofensa.

La respuesta a esta pregunta se da, cuando se entiende que todo tipo de opresión racial empieza verbalmente. La forma en la que vemos el mundo se expresa por medio del lenguaje, por esto se entiende que la ofensa que causa esa palabra se debe al motivo por el cual ha sido usada. En la antigüedad la palabra negro fue utilizada vulgarmente para denigrar a las personas de color. Desde los años 1700, la forma que usaban para denigrar e insultar a estas personas, era llamándolos negros. El infundir el desprecio y odio hacía los negros hizo que esta palabra se convirtiese en la forma más cruel de llamar a estas personas. Después de todo, cada vez que esta palabra fue usada por los blancos, fue para señalar, violentar, discriminar y asesinar a las personas de color.

La apropiación cultural es un tema que puede ser delicado cuando se trata de las personas de color. Normalmente cuando esta afirmación se hace, las personas blancas suelen irritarse por escuchar esto, ya que es común para ellos pensar que, simplemente se trata de cosas pequeñas sin importancia. El caso es que, la cultura es lo que define a las personas y su comunidad.

No está bien el hecho de que personas que no pertenecen a una cultura, opten costumbres que no son propias de ellos, y más aún, cuando no padecen las mismas limitaciones que las personas que si la llevan en la sangre. Es decir, un blanco no puede optar expresiones de negros, porque simplemente no sabe lo que es ser negro. Este tipo de ejemplos se pueden ver con muchas culturas del mundo que son generalizadas por las personas y su intento por imitarlas, hasta el punto de llegar a ofender a toda una población.

El problema principal de todo esto, radica en la desigualdad de poder. Es decir, si un grupo grande de personas opta por utilizar y modificar a su conveniencia partes de una cultura y obtienen beneficio de ello, incluso cuando los verdaderos practicantes de ella sufren abusos, es una explotación.
Las micro agresiones también hacen parte de los mecanismos de opresión que existen. El hecho de querer normalizar este tipo de actos hace que también se pretenda aceptar de la misma forma el racismo. Leves insultos y desprestigios son los que identifican las micro agresiones. Al momento en que este acto ocurre y se es permitido por ser leve, se está dando pie a que se propague el pensamiento, de que el atacante es superior a la víctima, y por esto está justificada su acción.

Un ejemplo muy claro de las micro agresiones es cuando se intenta dar un elogio a una persona por algo de lo que debe ser propio. Es decir, el hecho de que un negro, que reside en Estados Unidos, pueda hablar inglés de forma correcta y una persona blanca lo elogie por ello asombrándose por ello es una agresión. También el hecho de sugerir que la piel oscura es algo exótico para ellos, debido a que es diferente. Mostrar asombro y querer elogiar a un negro, por realizar una acción tan simple cómo hablar el idioma del país en que reside, es igual que elogiarlo por saber leer o incluso caminar, es absurdo.

Igualmente, una micro agresión se presenta cuando se ve su fisionomía cómo algo diferente y recalcarlo. Por ejemplo, el tocar el cabello de una persona negra, sin su autorización, y demostrar curiosidad e intriga por él. Hacer esto es algo ofensivo, con esta acción se está sugiriendo que él no tiene derecho sobre su cuerpo y que a su vez la persona puede ejercer control, por encima de sus pensamientos.

Las micro agresiones se siguen acumulando y pasando por alto, ya que "no son tan graves cómo el racismo". Pensar que estas acciones son insignificantes y no pueden ser comparadas con el racismo, es lo que a hecho que no cesen y los negros tengan que "acostumbrarse a ellas".

Si usted es una persona que ha experimentado una micro agresión, asegúrese de comunicar su inconformidad al momento en que otra se le presente. Es crucial que de a conocer sus sentimientos y pueda dar a entender a la otra persona por que está realizando esta acción, ya que lo está ofendiendo y no es algo que pueda dejar pasar por alto. Esto es algo que puede hacer recapacitar al agresor sobre el porqué desde un principio consideró prudente realizar esta acción, para así tal vez, lograr que no lo vuelva a realizar otra vez con otra persona de color.

Por el contrario, si usted es de las personas que ha realizado una micro agresión, medite sobre porqué a tomado esta acción. Es importante que mire en su interior la verdadera razón por la que decidió actuar de esta manera y si era "justo" para usted el haberlo hecho. Comprenda muy bien la razón por la que lo hizo y entienda que no puede hacerlo más, por lo menos intencionalmente. Lo más importante, una vez realizado el autoanálisis, es ofrecer disculpas, sin importar si no acabó de entender porque esta causó indignación. Al final puede darse la tarea de investigar más a fondo en que punto falló, para tener claridad en un futuro.

CAPÍTULO 7:
¿CÓMO SE PUEDE COMBATIR LA OPRESIÓN QUE VIVEN LAS PERSONAS DE COLOR POR PARTE DEL SISTEMA?

Ijeoma cuenta cómo fue crecer en la década de los 80. Parte de su infancia se formó viendo The Cosby Show, programa que sugería que el racismo ya no era parte de la actualidad y estaba fuera de moda. A su vez, este programa ofrecía un mensaje productivo para quien lo viera. El trabajar duro y ser una persona humilde va a asegurarte el éxito, independientemente de tu color de piel. Lastimosamente después de esto, surgió la epidemia del crac en Estados Unidos, y junto a ella, la ley de control de delitos violentos, y la ley de 1994. Este hecho causó que se realizaran juicios y encarcelamientos injustos, solo a personas de color.

El efecto que causó estos sucesos logró que hoy en día los jóvenes denuncien, que el sistema está basado en permitir a las personas blancas ejercer sus derechos por encima de los negros. Ya que estos no pueden ser iguales a ellos, y por ende, no merecen un mismo trato o por lo menos justicia.

Si eres una persona que desea contribuir con esta causa, debes comenzar por hacer un análisis de tu racismo. Cuando una persona te denomine racista, no debes alarmarte o descartar esta proposición. A pesar de que no tuvieses la intención de decir o hacer algo racista, es posible que tu percepción no te permita verlo. Debes dejar de lado la opción de tratar de mostrarte cómo una persona buena y justa.

Si estas comprometido con demostrar que eres alguien en contra del racismo, debes tener un trabajo constante en hacerlo llegar de la mejor manera. Recuerda que eres una persona que nació siendo parte de una comunidad llena de privilegios solo por ser blancos, cosa que significa, que inevitablemente se te vea cómo alguien que apoya todas las acciones racistas que se cometen en contra de esta comunidad.

Es importante que comprendas, que jamás podrás sentir cómo es que el racismo afecta a las personas personalmente. De igual forma, ninguna persona perteneciente a esta comunidad está obligada a darte a entender o explicarte cómo es que estos abusos lo afectan.

A pesar de que ya hayas considerado todos estos aspectos para evaluarte a ti mismo, sigues pensando que no cometiste un acto racista, no debes invalidar la indignación que sintió la otra persona. Recuerda que tu objetivo principal no es defender tu ego y demostrar que eres antirracismo. Lo primordial es que investigues a fondo si en realidad fuiste racista y remediar el daño que causaste, siempre y cuando la otra persona esté dispuesta a llegar a una resolución.

El hecho de que te motives a hablar de raza es el primer paso que se debe tomar para disminuir los actos racistas, pero para verdaderamente hacer un cambio en el sistema y abolir la supremacía blanca, debes tomar acciones que repercutan positivamente en un futuro.

NOTAS FINALES

Ijeoma nos invita a hacer un análisis de nuestra personalidad y las acciones que a menudo no consideramos racistas.

La lección que pueden obtener las personas blancas es comprender que, en Estados Unidos, la desigualdad racial es pan de cada día, y que a pesar de lo modernizado que está el mundo, existen personas que siguen atadas a un pensamiento conservador donde los negros son inferiores y deben ser tratados como tal.

Motivar a la sociedad a cambiar sus pensamientos y abrir los ojos de que todos somos iguales, es la finalidad más importante que puede tener este libro, ya que muestra lo complicado que es vivir siendo negros.

ACERCA DE IJEOMA OLUO: LA AUTORA DEL LIBRO ORIGINAL

Ijeoma Oluo, nació el 30 de diciembre de 1980 en Denton, Texas. Nació entre la unión de una persona de color y una persona blanca. Realizó sus estudios en el año 2007, en la universidad de Western Washington, graduándose con una licenciatura en ciencias políticas.

Entre los logros de Ijeoma está el ser nombrada por la Seattle Met en el año 2015 por ser una de las personas con más influencia en Seattle debido a su humor, personalidad e ingenio. Tiempo después en el año 2018 la Seattle Met, la nombró parte de las 50 mujeres que más tuvieron influencia en Seattle en el año 2018.

ACERCA DE LIBROS MAESTROS

Los libros son canales de comunicación que eliminan las fronteras. No solo las físicas, que definen a los países, sino también las temporales. Los libros permiten que las ideas se sostengan en el tiempo y estén disponibles para todos. Los libros informan, enseñan, entretienen, brindan herramientas para la vida.

Seguramente, todos recordamos algún libro que ha dejado huellas en nosotros. Quizás porque mostraba una historia con la que nos identificamos, o porque nos enseñó a vivir mejor. Tal vez porque leyéndolo comenzamos a ver el mundo de otra manera. O porque aprendimos conocimientos valiosos para nuestro trabajo. Los libros permiten compartir experiencias y visiones de la vida.

Ahora bien. Hay personas que no son amigas de la lectura. Muchas de ellas reconocen que un libro contiene ideas que le serán útiles, pero el largo camino de leerlo los paraliza. ¿Cómo acceder al contenido esencial de un libro sin leerlo?

A través de un resumen. Precisamente, un resumen es como el esqueleto sobre el que se construye el libro completo. Esqueleto integrado por las ideas esenciales que el libro encierra, despojadas de argumentaciones, de narraciones y de detalles.

El resumen de un libro es el resultado de un minucioso proceso de lectura y elaboración de quien, responsablemente, toma uno a uno los conceptos y los pensamientos del autor y los presenta manteniendo la fidelidad esencial, pero reduciendo los detalles innecesarios.

En esto consiste este resumen. Contiene las ideas y conceptos del libro original. Está destinado a esas personas que no tienen interés o tiempo para leer todo el libro.

NOTA ACERCA DEL LIBRO

Con la intención de acercar las ideas contenidas en el libro original a los lectores, elaboramos este resumen. Simplemente nos limitamos a exponer las ideas fundamentales que hacen posible que se entiendan los conceptos y la postura del autor. No se trata de una crítica ni de valoraciones sobre esas ideas. Tampoco es exactamente igual al libro en el que se inspira.

En este, nuestro libro, que es distinto al original, incluimos sugerencias e ideas fuerza que pueden ser aplicadas en la vida. Se fundamentan en conceptos que es necesario hacer propios e interiorizar para que resulten útiles en el día a día.

RESEÑAS / REVIEWS

Es importante para nosotros conocer tu opinión sobre nuestro trabajo. Las valoraciones de los lectores nos ayudan. Cuando son positivas, mejoran el posicionamiento de nuestros libros. Y ni no lo son, nos permiten reflexionar y reconocer nuestros defectos.

Por eso, si entiendes que este libro te ha servido, te ha ayudado, te ha generado ganas de profundizar, te ha sido útil e interesante, déjanos tu opinión. Estamos al servicio de los lectores, y tenemos la intención de atender a lo que piensan para mejorar.

Te agradecemos por haber leído este libro y deseamos que hayas disfrutado de la lectura.

NOTA LEGAL

DERECHOS DE AUTOR

Made in the USA
Columbia, SC
05 March 2021